I0026384

15⁵
1065

[library stamp]

ÉPISODE

DE LA

GUERRE DE 1870.

Par

UN OFFICIER SUPÉRIEUR.

AJACCIO
IMPRIMERIE JOSEPH POMPEANI.
—
1881

Déposé le 24 juin 188
[signature]

BIBLIOTHÈQUE
N. F.

ÉPISODE

DE LA

GUERRE DE 1870.

Au milieu des graves événements de la campagne de 1870-1871, le rôle des différents régiments engagés, des différentes brigades même, a été effacé, perdu dans l'ensemble. C'est à peine si, au milieu de cette lutte héroïque d'une armée écrasée par le nombre, l'histoire a gardé le souvenir de quelques faits d'armes isolés.

Cependant, que de dévouements, que d'abnégation dans ces corps décimés, cherchant à se rallier, à se réorganiser au milieu même du désastre, de l'effondrement de toute une organisation militaire ! Il ne m'appartient pas de refaire l'histoire, ni même de mettre en lumière les faits ignorés jusqu'à ce jour ; mais j'ai voulu payer un tribut de dévouement et de respect, à un chef estimé, respecté, d'une valeur incontestée et qui serait parvenu aux plus hautes destinées si la mort n'était venu l'arrêter en chemin.

Le général Abbatucci commandait la 1re brigade de la 3e division du 5e corps ; il a laissé dans le souvenir des troupes qu'il a commandées une véritable renommée de loyauté, de bravoure chevaleresque et de bienveillance qui survit encore aujourd'hui, et je suis heureux, en mettant en ordre mes souvenirs de la campagne que j'ai faite sous ses ordres, d'apporter à sa mémoire le témoignage de mon respect, de mon dévouement et de mon admiration.

Le 5e corps fut formé le 24 juillet à Strasbourg. Il comprenait trois divisions ainsi composées :

1re division : Goze. — 1re brigade, Saurin : 4e chasseurs à pied, 11e, 46e ; 2e brigade, Nicolas : 61e 68e.

2 division : Abadie, — 1re brigade, Lapasset : 14e ch., 84e, 97e ; 2e brigade, Demaussion : 49e, 88e.

3e division : Guyot de Lesparre. — 1re brigade, Abbatucci, 14e, ch., 17e, 27e ; 2e brigade, de Fontanges : 30e, 68e.

3e division de cavalerie : De Brahault. — 1re brigade, Bernis : 5e ch., 12e ; 2e brigade, de la Marlière : 3e et 5e ch.

Artillerie. — Salignac-Fénélon.

Tous ces corps se trouvaient réunis le 25 juillet à Strasbourg, au polygone, venant de tous les points du territoire et dans un état de désorganisation complet.

La déclaration de guerre avait été si imprévue que les corps durent quitter leurs garnisons respectives sans même pouvoir se procurer les effets les plus indispensables en équipement, campement et même armement.

La brigade Abbatucci, en arrivant à Strasbourg ne possédait ni bidons, ni gamelles, ni hachettes, et ce qui est plus grave, ni vivres de réserve.

Les voitures régimentaires n'existaient pas ; une commission d'achat avait en quelques heures acheté à Lyon les attelages nécessaires pour les voitures que devait livrer l'artillerie. Mais au dernier moment, on s'est aperçu que les voitures manquaient en magasin.

C'est donc au milieu d'un désarroi complet que la 1re brigade arriva à Strasbourg.

Le général Abbatucci attendait les divers régiments à la gare ; avec une entente de la guerre et des troupes rare même parmi nos vieux généraux d'Afrique ; sans bruit, sans tapage, sans revue, il les envoyait à leurs emplacements, prenait note des besoins, et tâchait de réparer le désordre inséparable d'une organisation aussi rapide, par son calme, son sang-froid et son inaltérable bienveillance.

Cent fois, les officiers chargés des différents détachements se sont présentés chez lui pendant les quatre jours de formation pour lui rendre compte du mauvais vouloir des fournisseurs du campement, de l'Intendance, et toujours il écoutait, donnait des ordres, se dérangeait lui-même, allait trouver les généraux en chef et finissait par obtenir ce dont les troupes avaient besoin.

Le 29, sa brigade était complètement organisée, il en passait une revue sommaire et, le 30, elle se mettait en marche sur Bitche, où elle arrivait le 31 au soir, A ce moment, le 5e corps était constitué ; une de ses divisions, Guyot de Lesparre, était à Bitche ; l'autre entre Forbach et Bitche ; mais ces corps ne possédaient encore que leur effectif de paix, les congés renouvelables n'étaient pas revenu, pas plus que la deuxième portion du contingent.

*
* *

Nous avions, le 7 août, 70 hommes par compagnie, au lieu de 120 qui aurait dû être notre effectif de guerre. Ces hommes étaient en route pour nous rejoindre, car, avec notre système de mobilisation d'alors, le contingent d'un corps étant composé d'hommes appartenant à tous les départements de France, il fallait au moins quinze jours pour que les hommes absents le jour de la déclaration de guerre eussent rejoint leurs corps respectifs.

Le 5e corps était venu à Bitche attendre ses renforts et achever son organisation, en même temps qu'il complétait cette ligne de troupes qui, de Sarrebruck à Strasbourg, devait s'échelonner sur la frontière ; mais ce repos momentané, qui permettait aux troupes de se reconnaître, aux chefs de se montrer aux soldats qu'ils devaient conduire au feu, ne devait pas être de longue durée. Dès le 2 août, nous savions qu'en face de nous, de l'autre côté de la frontière, à Deux-Ponts, un camp allemand de 200,000 hommes s'apprêtait à marcher sur nous.

Au milieu donc des détails d'organisation intérieure, il fallait sans cesse être sur le qui-vive, sans cesse être en reconnaissance, et c'est au milieu de ces opérations si complexes que nous apprîmes à reconnaître le général Abbatucci. Nous l'avions vu à Strasbourg, luttant contre toutes les difficultés de notre organisation paperassière, pour nous procurer les objets indispensables pour entrer en campagne ; là, nous le voyons à cheval aux avant-postes, surveillant lui-même les plus petits détails du service et s'assurant de l'exécution de ses ordres.

C'est grâce à ces précautions, grâce à une grand'garde qu'il fit établir, le 3 août au soir, sur la frontière, que le camp dut d'être préservé d'une surprise. Les éclaireurs ennemis, grâce aux bois qui couvrent cette partie de notre territoire, s'étaient avancés jusqu'à sept kilomètres de Bitche, sans être aperçus, et auraient débouché sur le plateau que nous occupions, sans la précaution prise par le général Abbatucci.

Cette première alerte n'était que le prélude des affaires

de Forbach, Wissembourg et Reischoffen. Les Allemands complètement organisés, se décidaient à nous attaquer.

Je n'ai point à discuter le plan de la campagne adopté par l'Empereur, mais, dès le début, nous trouvions notre ligne beaucoup trop étendue pour résister aux masses ennemies que nous savions concentrées en face de nous.

Nous occupions un développement de vingt lieues avec 200,000 hommes ; il était donc évident que, si les Allemands nous attaquaient aux deux extrémités de notre ligne avec des masses considérables, nous ne pouvions leur opposer que des troupes insuffisantes pour les contenir, et encore nous ne les amenions sur le terrain que dans des conditions défavorables, puisqu'en raison de leur échelonnement ces troupes n'arrivaient que successivement au combat déjà engagé.

C'est en effet ce qui arriva. Attaqué à Forbach et à Wœrth le même jour, le général Froissard ne put avoir que fort tard les troupes sous ses ordres, pendant que le maréchal de Mac-Mahon, avec le premier corps, concentré dès la veille, à la suite de l'échec de Wissembourg se trouvait en nombre absolument inégal pour combattre les masses qui l'attaquaient, pendant que les corps appelés en toute hâte ne pouvaient le rejoindre à temps.

C'est au milieu de ce désarroi que le 5ᵉ corps, ne sachant où aller, appelé de deux côtés à la fois, par le général Froissart, à Forbach, par le maréchal Mac-Mahon, à Wœrth, dut se scinder, la première division marche sur Niederbronn et la division d'Abadie, sur Saint-Avold.

Si l'hésitation existait en haut, les difficultés commençaient à tous les degrés de l'échelle, et la brigade Abbatucci dans cette triste journée, devait, non sans gloire, en prendre sa part.

Dans la nuit du 3 au 4, nous avions une première alerte : des coureurs ennemis avaient rencontrés nos

avant-postes ; le 5, pendant que la division Douay se
faisait vaillamment écraser à Wissembourg, le canon
nous tenait en éveil, et le service des grand'gardes était
doublé, dans la crainte d'une attaque sur notre front.
Le général Abbatucci avait tenu à faire lui-même une
reconnaissance au delà de nos lignes, et le soir, en ren-
trant, il laissait les ordres les plus précis, pressentant
que de graves événements se préparaient.

.·.

En effet, à deux heures du matin, toute notre ligne
était attaquée, le camp levé en toute hâte et nous étions
prêts à marcher ; mais où aller ? Le général Froissart
était attaqué sur notre gauche ; nous entendions le
canon de Vœrth sur notre droite. Que faire ? Le général
de Failly n'avait pas d'ordres et pensait à rester en
place, à résister sous Bitche à l'attaque qu'il croyait
devoir suivre l'engagement de nos avant-postes.

On a dit plus tard que le général Abbatucci, consulté,
aurait répondu qu'il fallait marcher au canon et laisser
Bitche se défendre ; en tous cas, c'est le parti qui fut
pris, et à cinq heures nous étions en route pour Niederbronn et Reichshoffen, attirés par le canon qui se
rapprochait de plus en plus et grondait de plus en plus
fort en avant de nous.

La tète de la colonne marchait avec l'avant-garde
du 19e bataillon de chasseurs ; le général Abbatucci
était exaspéré des lenteurs de notre marche. A chaque
instant, nous étions arrêtés par des ordres et contre-
ordres, venant du quartier général ; parfois même, on
s'arrêtait, on parlait de retourner en arrière. Le général de Failly qui connaissait à cette heure les deux
attaques de l'ennemi, ne savait sur quel point se ren-

dre. Enfin, à dix heures, son parti semblait pris ; la 1ʳᵉ
brigade reçut l'ordre de marcher en avant et, à onze
heures, le général Abbatucci arrivait à Niederbronn, à
2 kilomètres de Reichshoffen, où se livrait la bataille
engagée par le 1ᵉʳ corps contre toute l'armée allemande.

Mais, là encore, de nouvelles lenteurs nous attendi-
rent ; on disait l'ennemi refoulé et, cependant le canon
se rapprochait de plus en plus de nous. Nous étions
formés l'arme au pied sur la place, impatiente d'entrer
en ligne.

C'est ici que se place un incident qui nous mit à même
d'apprécier du premier coup le sang-froid, l'énergie du
général qui nous commandait ; incident qui, sous une
apparence secondaire, pouvait avoir des résultats désas-
treux ! Formés en colonne serrée sur la place, nous
attendions, avec l'agitation fébrile inséparable d'une
pareille situation, l'ordre de marcher en avant. Les voitures de blessés venant du champ de bataille passaient
devant nous, augmentant notre émotion, surexcitée déjà
par le canon qui se rapprochait de plus en plus. L'ennemi pliait, disait-on ; notre arrivée allait décider sa retraite, et les blessés eux-mêmes étaient plein d'espoir ;
puis de nouveaux renforts arrivaient des Strasbourg, des
trains se succédaient sans relâche, bondés de troupes,
et précisement parmi ces hommes entassés, nous re-
connûmes nos renforts, nos réservistes ; en un instant,
ils reçurent l'ordre de nous rejoindre, et grâce à l'acti-
vité de tous, en moins d'une demi-heure ils étaient
répartis dans les compagnies et prêts à marcher. Ils ne
connaissaient pas leur nouvelle arme, jamais ils ne s'en
étaient servis ; mais on leur apprenait à charger, et
nous allions pouvoir entrer en ligne avec des effectifs
respectables, lorsque tout à coup la nouvelle d'un désastre nous parvint ; de tous côtés des cavaliers effarés
arrivaient à fond de train, sans armes, couverts de
poussière et de sang : « Nous sommes perdus, disaient-

ils ; l'ennemi est là ; sauve qui peut! » En un clin-d'œil
la ville fut envahie par les fuyards, l'effarement le plus
complet succéda à la confiance, et nos réservistes, déjà
tout émotionnés par la proximité de l'action, perdirent
la tête et firent feu dans tous les sens, succombant à un
sentiment de panique inexplicable.

Encore un moment et nous étions perdus ; toutes ces
troupes, tout à l'heure encore si vaillantes, si bien dis-
posées, allaient se débander, effarées, sans avoir vu le
feu, entraînées dans le tourbillon de la déroute qui passait devant elles. Heureusement, le général Abbatucci
était-là. D'un coup d'œil, il vit le danger, et avec un
calme, un sang froid au-dessus de tout éloge, à cheval
devant ces bataillons effarés qui tiraient en l'air, il fit
sonner de cesser le feu, et de sa voix claire et puissante,
commanda comme à la manœuvre un mouvement en
avant, qui nous fit atteindre les hauteurs qui dominent
Niederbronn et s'étendent jusqu'à Reichschoffen.

Ranimés par ce calme, les effarés se calmèrent, et une
fois en plein champ, la brigade reprit son aplomb, son
assiette. Ne s'inspirant alors que de son énergie, Abbatucci comprit que notre rôle était d'essayer d'enrayer la
débâcle et d'arrêter la poursuite. Il fit déployer sa brigade en ligne, face à l'ennemi, il vint lui-même placer ses
lignes de tirailleurs, formant ainsi un obstacle derrière
lequel pouvaient venir se rallier les corps chassés du
champ de bataille et débandés par le feu.

Il était trois heures lorsque nous prenions ces positions ; la bataille tirait à sa fin ; elle se livrait là, devant
nous, à nos pieds, et nous assistions à la ruine de ce
premier corps qui, depuis le matin, avait si vaillamment
combattu.

A cinq heures, tout était fini ; quelques fuyards, quelques lambeaux de troupes traversaient nos lignes. Le
maréchal Mac-Mahon se retirait aussi, en nous jetant le
cri « Trop tard ! »

L'ennemi se rapprochait peu à peu ; déjà nos tirailleurs étaient engagés. Le général Abbatucci, comprenant que son rôle était de couvrir les défilés de Bitche, pour permettre aux troupes de se rallier à l'abri de toute poursuite, nous prescrivit de résister jusqu'à la nuit, et lui-même, parcourant ses lignes, nous soutint, par son exemple, jusqu'au soir ; malgré tous les efforts de l'ennemi pour nous déloger de nos positions, nous pûmes résister, et ce n'est qu'en pleine obscurité, lorsque la ville de Niederbronn eut été évacuée par nos blessés, nos convois, que nous battîmes en retraite.

Ces renseignements tout personnels sont corroborés par les écrivains étrangers qui ont traité cette question :

« Près de Niederbronn, la poursuite dut s'arrêter devant de nouvelles lignes françaises, bien postées, avec du canon, et qu'il ne pouvaient être question d'attaquer sans infanterie ni artillerie. C'était la division Guyot de Lesparre du 5ᵉ corps, *et notamment la Iʳᵉ brigade Abbatucci qui se trouvait à propos sur ce point.* »

Cette résistance passée inaperçue au milieu de cet effondrement est cependant un fait capital. Sans l'énergie du général Abbatucci, dès deux heures, les Prussiens pouvaient prendre là toutes nos réserves, nos convois, et couper la retraite sur Phalsbourg. Or, Phaslbourg était le point de concentration indiqué par le maréchal ; que serait-il arrivé sans la présence d'esprit du général Abbatucci ? Nos troupes, débandées, harassées, sans vivres, sans pain, auraient trouvé l'ennemi sur sa route. Il est possible que le 1ᵉʳ corps tout entier aurait été fait prisonnier, ou tout au moins dispersé et incapable de se rallier à Châlons, comme il l'a été huit jours plus tard. Mais tout n'était pas fini pour cette pauvre division Guyot de Lesparre ; ce retard héroïque à l'arrière-garde devait lui coûter des fatigues sans nom.

A neuf heures du soir, elle quittait Reichshoffen et Niederbronn, se dirigeant sur Bitche, et cela après avoir marché toute la matinée et s'être battue toute la journée. A onze heures du matin, en vue de Bitche, elle apprenait la présence de l'ennemi et se rejetait dans les bois, passait par Saar-Union et, poursuivie par les éclaireurs allemands, touchait à la Petite-Pierre et continuait sa route sur Phalsbourg, où elle arrivait réduite à une poignée d'hommes le 7, à neuf heures du soir. Ainsi cette division avait fait, en quarante-deux heures, 102 kilomètres et s'était battue cinq heures.

Aussi le désordre était à son comble, les soldats à bout de forces, rejoignaient isolément, écrasés, morts de fatigue et de faim, ayant perdu leur campement, leurs sacs. C'était une nouvelle organisation qu'il fallait entreprendre, et cela pendant la retraite, ou mieux pendant la poursuite, car l'ennemi ne nous lâchait pas, et à chaque temps d'arrêt, ses éclaireurs venaient harceler nos tirailleurs et nos flanqueurs.

Le général Abbatucci ne faillit pas à sa tâche, toujours au milieu de nous, il nous soutenait par son calme, sa bienveillance. Il faisait un temps affreux, les chemins étaient défoncés, la pluie tombait sans cesse et ces contre-temps rendaient notre position encore plus difficile plus pénible. C'est au milieu de ces difficultés inouïes que notre corps d'armée atteignit Châlons le 14 août où nous devions trouver des approvisionnements et un peu de repos !

En trois jours, nous commencions à nous reconnaître, le premier effarement était passé, les distributions étaient régulières, les effets perdus avaient été remplacés. On sentait la main du commandement et l'ordre était établi. Nos chefs s'étaient appliqués à relever notre moral, et, toujours au milieu de nous, toujours préoccupé de notre bien-être, le général Abbatucci avait réussi à remettre sa brigade sur un bon pied. On parlait de victoires sous Metz, le moral se relevait et le 17 nous partions pour Reims dans de bonnes conditions.

Là même, je n'ai pas à juger la partie tactique de la campagne, je ne parlerai donc pas des fautes commises, je ne continuerai à parler dans cette deuxième partie que des difficultés surmontées pour arriver à Sedan, qui devait clore cette triste campagne !

A la suite de l'adoption d'un nouveau plan, il fut décidé, à Reims, que nous marcherions au secours du maréchal Bazaine, et dès le 23, nous partions pour Réthel. Mais l'ennemi avait prévu nos mouvements, et, serrés entre l'armée du prince royal et celle du prince Frédéric, nous devions, à partir de ce moment, avoir chaque jour des engagements qui arrêtaient notre marche, usaient nos forces et paralysaient tous nos mouvements.

Le 25, au Chêne-Populeux, première alerte sur notre flanc droit, engagement de cavalerie auquel la division resta étrangère.

Le 26, Boult-au-Bois. Arrêtés en pleine marche par le canon de l'ennemi, nous dûmes revenir sur nos pas. Le 27, à Bois-les-Dames, attaqués encore par l'artillerie bavaroise et saxonne, nous dûmes nous déployer et passer la journée à tirailler contre un ennemi embusqué dans les bois. Là encore, les dispositions prises par le général Abbatucci, au village de Champy, parvenaient à faire échouer les plans de l'ennemi. A la tête du 17e de ligne, le général repoussait l'attaque de la 46e division saxonne, soutenue par vingt-quatre pièces d'artillerie.

.•.

Les rapports de l'état-major allemand constatent eux-mêmes ce succès de nos armes, et tous les écrivains militaires reconnaissent que, dans cette série d'engagements, la division de Lesparre et surtout la brigade

Abbatucci ont été conduites et engagées avec un très-grand tact militaire et un véritable succès. Mais, hélas ! tous ces avantages partiels devaient disparaître au milieu des mouvements d'ensemble et des désastres qui allaient en être la conséquence.

A Busancy, le 28, même alerte ; enfin, après cinq jours de combat, d'alertes continuelles, pendant lesquels nos hommes surmenés, avec des distributions irrégulières, avaient à peine le temps de se reposer, nous arrivâmes le 29, à dix heures du matin, à *Beaumont*.

Ce temps d'arrêt ne devait être que de quelques heures. Le général de Failly se savait serré de près, mais il était indispensable de s'arrêter pour laisser reposer les troupes qui venaient de passer deux nuits à marcher, et aussi pour toucher des vivres qui nous faisaient absolument défaut.

Les services administratifs laissés en arrière ne pouvaient plus rien nous faire parvenir, notre intendant était prisonnier ; il fallait donc se ravitailler à tout prix· C'est dans cette situation que nous fûmes surpris à Beaumont. Les hommes harassés étaient aux vivres, à l'eau, aux distributions, lorsqu'à onze heures, l'ennemi ne rencontrant pas de grand'gardes pour le signaler, s'avançait en vue de notre camp et nous y criblait de feux. L'attaque fut si soudaine que nos hommes n'eurent pas le temps de s'habiller ; ils coururent aux faisceaux, laissant à terre leurs effets et nous dûmes nous retirer, écrasés par le nombre, par le feu, laissant tout à l'ennemi, sauf nos armes !

La brigade Abbatucci vite ralliée par son chef, reçut l'ordre de défendre la ferme de la Hunoterie, et d'y rester jusqu'au soir, pour permettre au reste du 5e corps de se rallier ; mais, après deux heures de combat, la ferme était en feu, les murs troués d'obus ne pouvaient plus abriter, et le général Abbatucci commandait la retraite et, formant l'arrière-garde, nous amenait à Mouzon.

Mais là encore, l'ennemi nous avait dévancés ; quatre-vingts pièces placés en batterie sur la rive gauche, criblaient le pont de mitraille ; le convoi, l'artillerie qui avaient voulu passer, avaient été écrasés ; les débris obstruaient la route, les maisons flambaient. Franchir ces obstacles eût été impossible et le général Abbatucci nous fit traverser la Meuse à la nage au-dessous du pont, assistant lui-même à cheval et dans l'eau au défilé des débris de sa brigade.

Le 7, après des fatigues inouïes, des efforts sans nom, nous étions ralliés sur la rive droite et nous prenions un moment de repos en contemplant, des hauteurs sur lesquelles nous étions, à l'abri du feu, les débris de notre corps d'armée qui, attardé sur l'autre rive, était écrasé par les feux de l'ennemi. Puis, la nuit venue, il fallut se mettre en marche sur Sedan et maintenir ces troupes effarées, affolées, rallier même des trainards et les égarés. C'est au millieu de ces difficultés que nous avons tous pu admirer le calme, la sollicitude de notre chef. Au jour, nous arrivions à Sedan (30 août), et l'ennemi nous poursuivit sans relâche, son canon nous suivait, et à chaque instant nous apprenait que notre arrière-garde était engagée.

La journée du 30 fut pénible pour tous. A Beaumont, à Mouzon nous avions tout perdu, sacs, effets, tentes. Il fallut tout improviser ; improviser aussi les distributions dans ces villes envahies par les fuyards, obstruées par les convois, les réserves, l'artillerie. Le général Abbatucci se multiplia ; il vint à bout de tout. Le 30 au soir, nos hommes avaient pu manger, obtenir quelques effets de campement, et le 31, lorsqu'il nous fallut prendre les armes pour soutenir les troupes engagées dans Bazeilles, la brigade Abbatucci présentait encore un aspect sérieux ;

les hommes avaient rallié, les effectifs avaient peu souffert du feu, et étaient encore à peu près complets. .

C'est donc dans des conditions relativement bonnes que nous nous présentions le 1er septembre au matin pour la bataille qui allait se livrer sous les murs de Sedan. Au jour, la cannonade commençait du côté de Bazeilles ; à travers le brouillard, nous entrevoyions la lutte héroïque qui s'y livrait, et nous attendions en réserve, au grand camp, l'heure de donner à notre tour.

A six heures, lorsque le soleil se leva, la bataille était engagée de tous côtés.

Une ceinture de feu se refermait sur nous, et du point central que nous occupions, nous voyions distinctement les colonnes ennemies se rejoindre et refermer sur nous la seule porte de salut qui nous restât !

∴

A onze heures, immobiles, l'arme au pied, au centre de cette fournaise, nous recevions des projectiles de tous les côtés, et nous attendions au millieu des nouvelles les plus contradictoires l'heure où nous serions engagés. L'Empereur était passé dans nos rangs et avait traversé, calme et triste, cette pluie de feu qui nous enveloppait ; à chaque pas des obus éclataient autour de lui et tuaient ou blessaient des officiers, des hommes de son escorte, et, toujours impassible, il continuait sa route, semblant chercher aussi le boulet qui devait le tuer ! Mais il ne devait pas avoir cette chance, et à midi, après plus de quatre heures de présence au plus fort de la mêlée, il rentrait sain et sauf dans Sedan où l'appelaient des occupations non moins graves : le soin d'organiser la défense de la place, les secours aux blessés. C'est à ce moment que nous reçûmes l'ordre d'entrer en ligne.

Bazeille venait d'être évacué, l'infanterie de marine,
brisée, écrasée par l'effort héroïque qu'elle venait de
faire, avait dû se replier et notre brigade reçut l'ordre
d'enlever le fond de Givonne, le reprendre aux Prussiens.
Embusqués dans des maisons dominant le terrain que
nous devions parcourir, les Bavarois nous attendaient.

Entraînés par nos chefs, Abbatucci en tête, nous nous
élancions en courant et nous engagions dans les vergers,
dans les maisons, une lutte corps à corps qui nous
laissait maîtres du terrain ; mais replié en arrière,
l'ennemi grossi de ses renforts, appuyé par son artillerie, nous écrasait à son tour, et, rejetés alors dans le
fond de Givonne, nous tourbillonnions, ne sachant où
aller, perdus au milieu de cette sanglante mêlée.

C'est à peine si cet engagement avait duré une heure,
et nous avions un tiers de notre monde par terre.
L'ennemi grossissait autour de nous, la position n'était
pas tenable : il nous fallait battre en retraite sur Sedan,
et à trois heures, nous venions nous mettre à l'abri dans
les fossés, les portes de la ville ayant été fermées par
ordre supérieur.

Inutile de dire, après un pareil engagement, l'état de
désordre de nos troupes et l'affaissement complet de
tous.

Malgré cela, le général Abbatucci essaya de nous re-
former, malgré la pluie de projectiles qui venait nous
atteindre jusque dans les fossés où nous étions. Il parvint à nous remettre un peu en ordre et, à quatre
heures, lorsque nous pûmes rentrer en ville, nous étions
à peu près reformés ; la brigade vint prendre position
sur les remparts près de la porte Balan, et là, nous
attendîmes, l'arme au pied.

C'est à ce moment que le bruit se répandit de l'arrivée de Bazaine, venant de Carignan. Une sortie du côté
de Balan et de Bazeilles devait nous le faire rejoindre, et
en toute hâte, les dernières troupes disponibles du 5e

corps étaient parties de ce côté. A cheval, devant la porte
de Balan, le général Abbatucci assistait à notre départ,
nous encourageant par son air confiant et résolu. Mais,
hélas ! nous allions au devant d'une nouvelle déception.
Bazaine n'avait pas percé. Bazaine n'était pas là. Les
Bavarois, maîtres de Bazeilles, avaient pris leurs dispositions contre un retour offensif de notre part, et, lorsque
nous débouchions de Balan, nous étions accueillis par un
feu écrasant qui nous mettait plus de la moitié de notre
monde hors de combat, et nous rejetait en désordre sur
la ville !

A cheval, sur la route, devant l'église de Balan, le
général Abbatucci tâchait de rallier les groupes qui se
retiraient en courant ; presque seul, il restait un des
derniers avec une poignée d'hommes et ne rentrait que
lorsque toute résistance était devenue impossible et que
les Prussiens, arrivant de tous côtés et nous tiraillant à
quarante mètres de distance, rendaient tout espoir de
réussite absolument dérisoire.

Il était sept heures ; nous ramenions nos blessés,
suivis pas à pas par l'ennemi, écrasés par son artillerie,
et nous rentrions, ramenant à peine le tiers du monde
que nous avions engagé une demi-heure auparavant.
C'était navrant.

Un bien autre spectacle nous attendait en ville. Pour
empêcher les réserves de sortir, les Bavarois avaient,
des hauteurs de Bazeilles, criblé de leurs obus la porte
de Balan. Les projectiles arrivant au milieu des troupes
massées dans les rues, y avaient fait des ravages affreux.
Le général Guyot de Lesparre avait été mutilé par un

Sans nous faire connaître les clauses de la capitulation, il répondit à nos questions et nous engagea à suivre nos hommes en captivité. Il nous montra les dangers de cette signature qui nous était demandée en échange de la liberté. Là encore il se conduisit en chef loyal, et nous un même quartier de la ville ce qui avait été autrefois sa division.

Plus de 100,000 hommes avec tous les *impedimenta,* dont 10,000 blessés, encombraient cette pauvre ville de 6,000 à 8,000 habitants, à l'étroit déjà dans ses murs ; c'était un désordre, un désarroi indescriptible. On s'attendait à la reprise des hostilités au jour, et il fallait à tout prix sortir de ce chaos.

Aussi que d'efforts, que de persévérance, il fallut pour réunir à peu près ces soldats affamés, effarés et déjà indisciplinés.

C'est ainsi que s'écoula la première partie de la nuit du 1er au 2 septembre, nuit terrible, pleine d'angoisses, qui devait se terminer par un réveil plus pénible encore.

Au jour, nous apprîmes les pourparlers préliminaires de la capitulation. L'effarement était tel, la conscience de l'effondrement de notre armée était si bien au cœur de tous, *que personne ne protesta alors.* Tous sentaient la résistance impossible, et ceux qui aujourd'hui parlent d'avoir voulu percer dans cette cruelle nuit, étaient les premiers à sentir la folie d'une pareille entreprise et la nécessité absolue d'une capitulation.

Mais ne récriminons pas sur le passé qui aurait dû nous servir de leçon, — qui aurait dû resserrer entre nous les liens de camaraderie, d'estime, qui nous unissaient sous l'Empire, et empêcher que dans nos rangs, il y eut des nôtres traîtres à leur passé, traîtres à leurs camarades, à leur patrie, — prêts à décliner leur part de responsabilité et à se faire même un piédestal de ce qu'ils appelèrent la faute des chefs.

Dans la journée, le général Abbatucci nous réunit.

obus, qui éclata entre ses jambes. Le désarroi le plus complet régnait : c'est à réparer tout ce désordre que dut s'occuper le général Abbatucci. Le commandement de la division lui revenait, et toute la nuit il fut sur pied, essayant de réunir son monde, de grouper dans préchant d'exemple, il vint avec nous s'installer au camp de la Misère, dans la presqu'île d'Iges.

C'est grâce à sa présence jusqu'au jour du départ, que nos hommes affamés, effarés de ces défaites, de ces humiliations, conservèrent encore un semblant de discipline.

Il essaya de nous adoucir les souffrances matérielles qui nous étaient imposées ; il les partageait, et tous nous l'avons vu, lorsque poussés par la faim, nous cherchions autour de nos tentes, des rares maisons de la presqu'île, un morceau de pain ou quelques pommes de terre, pour ne pas mourir de faim, nous l'avons tous vu assis sur sa cantine vide, déjeunant d'un biscuit trempé, dans l'eau de la Meuse, et cela jusqu'au 7 au soir, jusqu'au jour où le dernier homme de sa brigade eut abandonné ce camp de misère pour se rendre en captivité.

Tous ces faits parlent plus haut que les éloges, que les panégyriques les plus pompeux ; les souvenirs d'affection, d'estime et de respect que tous ceux qui ont servi sous ses ordres pendant cette triste campagne lui ont conservés au millieu des accusations, des récriminations dont nos chefs ont été l'objet, prouvent mieux que tout ce que nous pourrions dire la haute valeur du chef que nous avons perdu.

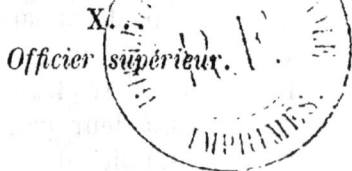

X.
Officier supérieur.

Le Gaulois.

Ajaccio, Imprimerie JOSEPH POMPEANI.

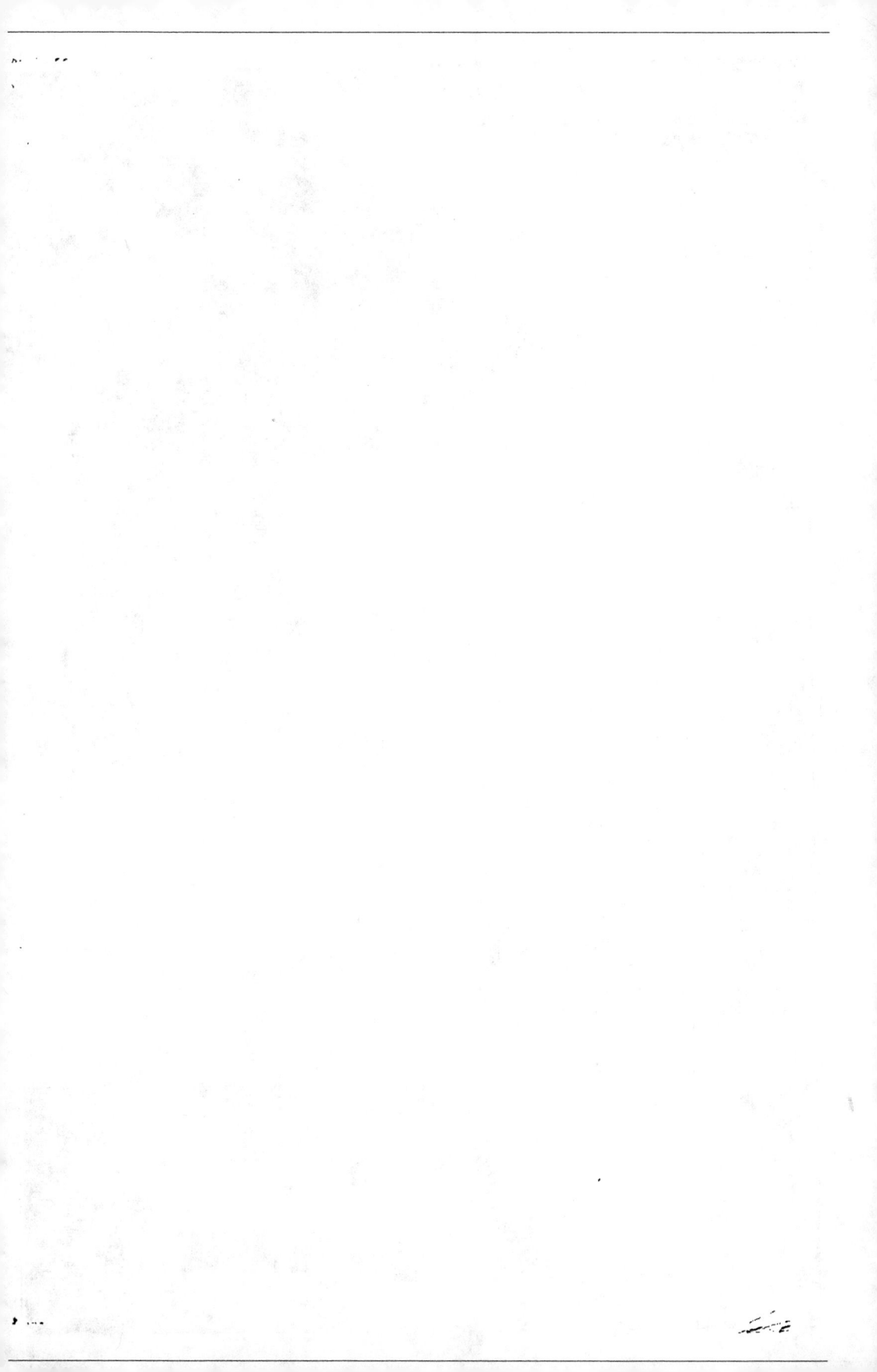

BIBLIOTHEQUE NATIONALE DE FRANCE

3 7531 002914118

www.ingramcontent.com/pod-product-compliance
Lightning Source LLC
Chambersburg PA
CBHW060817280326
41934CB00010B/2732